박민효 지음

　살아가며 우리는 셀 수 없는 무수한 선택들을 하게 됩니다. 그 선택의 결과로 우리는 지금의 상황 속에 살고 있죠. 게다가 타인의 선택에도 영향을 받으며 살아가기도 합니다. 지금 이 페이지를 넘기면 복잡한 미로를 접하게 됩니다. 정말로 복잡할까요? 글쎄요, 제 생각에는 아마 당신이 살아온 인생의 1%에도 미치지 못할 만큼 복잡하지 않을 겁니다.

　'쟈크 라캉'의 글이나 '마크 로스코'의 그림은 아무리 오랜 시간을 들여다봐도 타인의 도움 없인 이해하기 힘든 영역이 존재합니다. 그에 비해 제 작품들은 '마크 로스코'의 그림보다 훨씬 복잡한 구조임에도 시간만 들이면 모두 찾아낼 수 있는 쉬운 범주에 속합니다. 복잡한 척하는 단순한 그림이라는 뜻이지요.

　모든 작업을 0.38㎜ 굵기의 펜으로 하였습니다. 길의 폭을 조절하며 음영 표현을 했는데요, 그동안 큰 화면에서 표현하던 것을 책 출간을 위해 작은 화면에 표현하다 보니 구도 잡는 것부터 묘사 메카니즘까지 여러 가지로 어려움이 많았습니다.

　먹고 싶은 거 애써 참지 않고 비만에 허덕이며 마칠 수 있었던 이 작업에 무한한 애정을 갖고 있습니다. 아울러 저의 미로 작품을 책으로 출간해 보기를 권유하고 추진해 주신 아트커뮤니티 이주영 대표님과 도서출판 아라크네 김연홍 대표님께 감사함을 잊지 않겠습니다.

　감사합니다.

2018. 1

박민효

차례

생각의 공간

첨성대의 용도가 무엇이든,
정치적 의미가 무엇이든,
벽돌 숫자가 무엇을 상징하든

우리가 듣고 배운 지식과는 아무런 상관없이

나는 저기서 생각하고 싶다.

생각하기 좋은 조건들

일상에서 그것이 어떤 생각이든
많은 생각을 하게 되는 조건들이
몇몇 있다.

비 오는 날 그것도 실내보단 우산 속,
그리고 서늘한 날의 바닷가

비 오는 날 우산을 쓰고
바닷가에 서서
이런저런 생각을 해 보자.

당신은
세상에서 제일
청승맞아 보일 수도 있다.

내 마음의 연못

누구나 마음속엔 연못이 있다.

당신의 연못엔 무엇이 살고 있나.

잘생긴 개

나보다 훨씬 휘얼~씬 잘생긴…….

이 녀석을 보고 나서
나는 개가 들어간 욕이
많이 줄었다.

잘생긴 소

나보다 훠얼~씬 잘생긴

이 송아지를 보고…….

난 '개나 소나'라는 말을 하지 않는다.

내가 사람인 게

참

민망하다.

바라는 꿈

이런 꿈을 꾸고 싶다.
내가 이런 꿈을 꾼다면,
난 아마 양을 치는 성자처럼
이 녀석들과 온화하게 놀다
꿈에서 깰 것이다.

그리고 다음 날,
추첨일을 기다리는
적극적이고 공격적인
도전자가 되어 있을 것이다.

복권 당첨된 날

복권에 당첨된다면…….
나는 환호성을 지르지 않을 것이다.
날뛰지도 않을 것이다.
조용히 웃고 계획을 세울 것이다.

그럴 수 있을까.

몇 해 전 나는 큰 상을 받고
몇 시간이나
꽥꽥 소리를 지르며 날뛴 적이 있다.

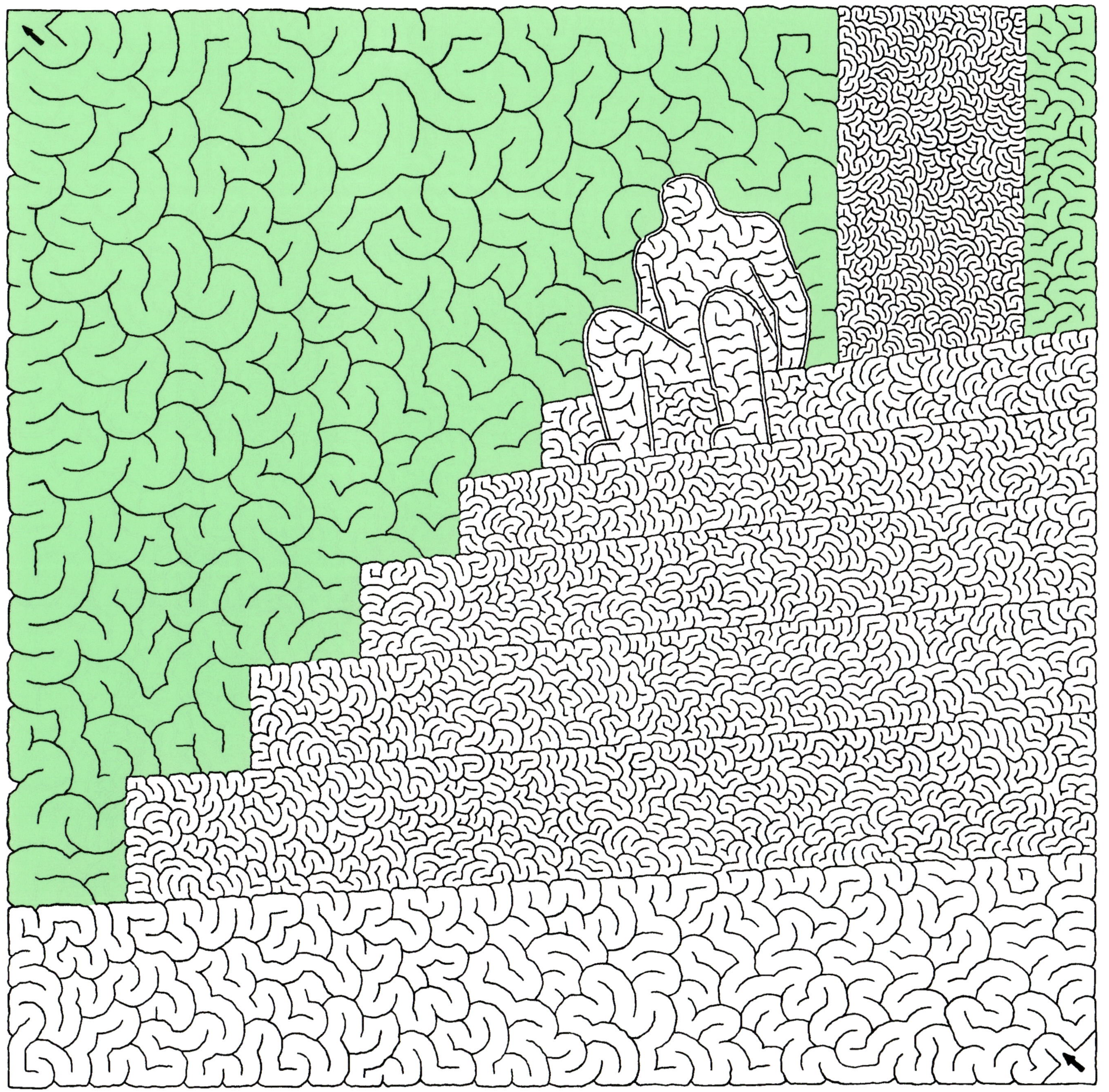

아름다운 해질녘

일요일 늦은 오후
창을 열어 보니 노을 한가운데서
해가 넘어가고 있다.
예쁘다.

평일엔 퇴근하느라 해넘이를
보기 힘든데…….

이런, 이제야 생각났다.
내일은 출근해야 한다.

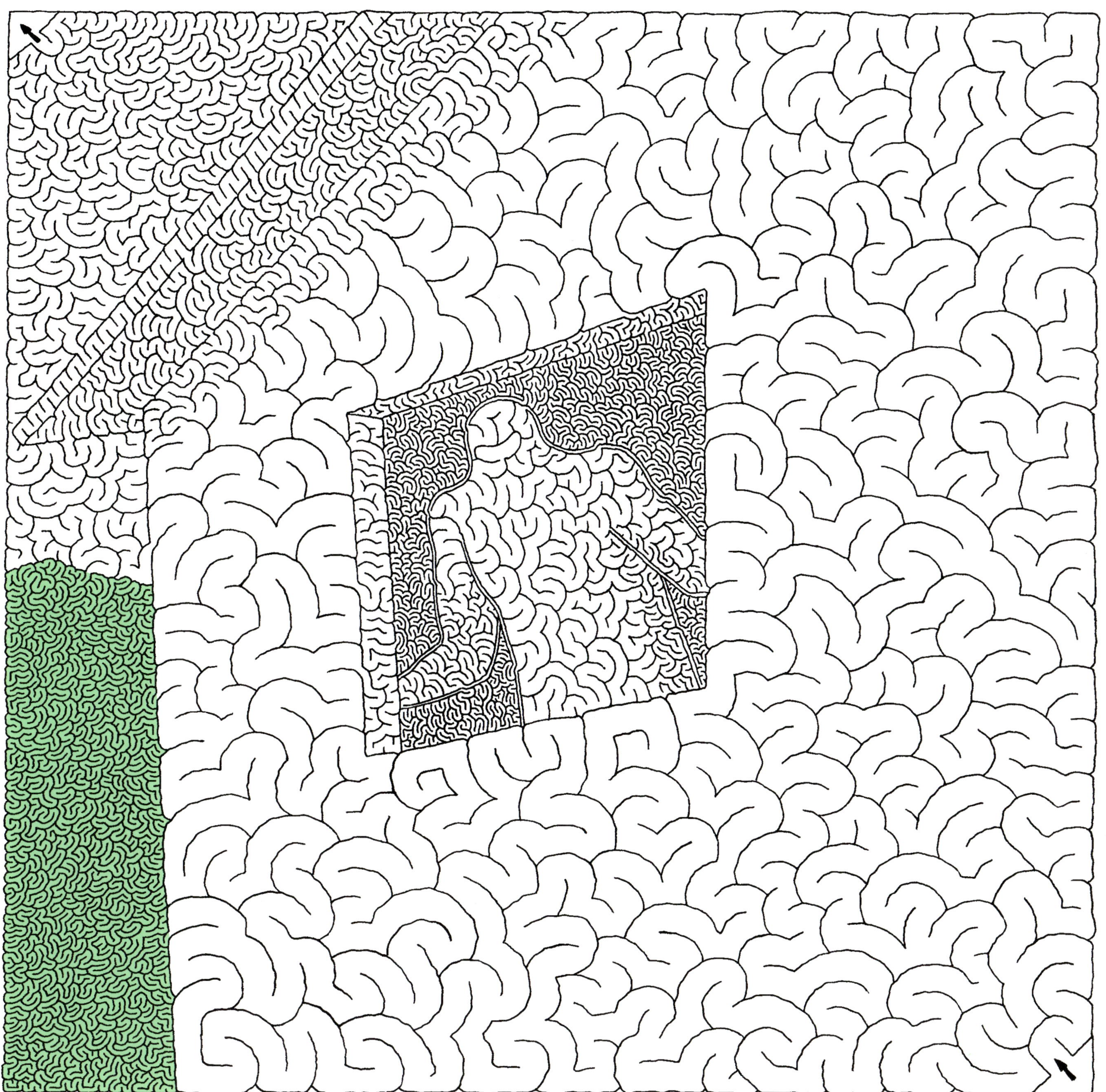

상쾌했던 그 아침

창이 서쪽으로 나 있어서
아침에 해가 들진 않지만,

어쩐지 그 날 아침에
창을 열었을 때는
상쾌한 공기와 싱그런 풀내음에
5초 정도 기분이 좋았다.

그리고 딱 그만큼
오늘이 월요일임을 잊고 있었다.

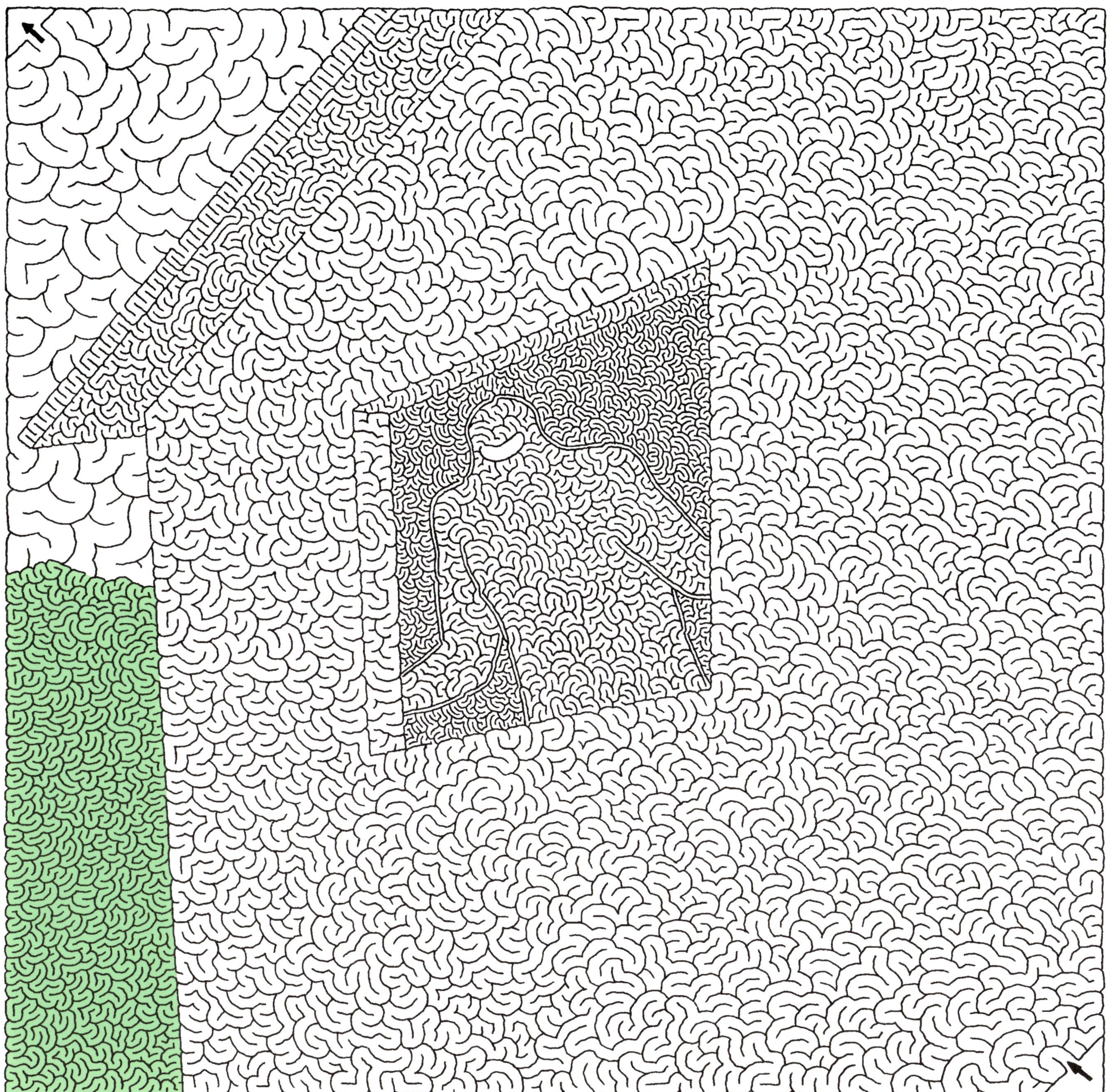

높아진 저수율, 깊어진 우리 동네

극심한 가뭄이 들자,
수몰된 동네를 흔적으로나마
다시 볼 수 있었던
이 사내는…….

장마가 지나고,
누구에게도 내색하지 못할
다음 가뭄을 기약했다.

마침내 시원해진 여름바다

무더운 여름…….
너무 더울 땐 바다에 가고 싶다.

하지만 여름바다를 가 본 사람은 안다.
바람은 끈적이고, 그늘도 없으며,
많지 않은 그 그늘마저
돈을 지불해야 머물 수 있다.
양손에 짐은 많고,
탁 트인 풍경에 좋아지는 기분도
잠시뿐이다.

이런저런 정리 후,
누군가가 건네준 빙과를 깨물고 나서야
바다가 제대로 보이고
내가 방풍림에 있다는 것을
인지하고,
오길 잘했다는 생각이 잠시 든다.
잠시, 아주 잠시…….
빙과가 사라지면,
머릿속엔 아무런 여유도 없다.

두꺼운 그늘의 이동

도심에서는 그 두꺼운 빌딩으로
그늘을 만든다.
해가 기울고,
그에 따라 그늘도 길어지며,
마침내 온 도심을 그늘로 덮는다.

그리고 종이 한 장, 나뭇잎 두께로도
그늘을 만들 수 있다.
그늘은 두께를
차별하지 않는다.

상당히 괜찮은 녀석이다.

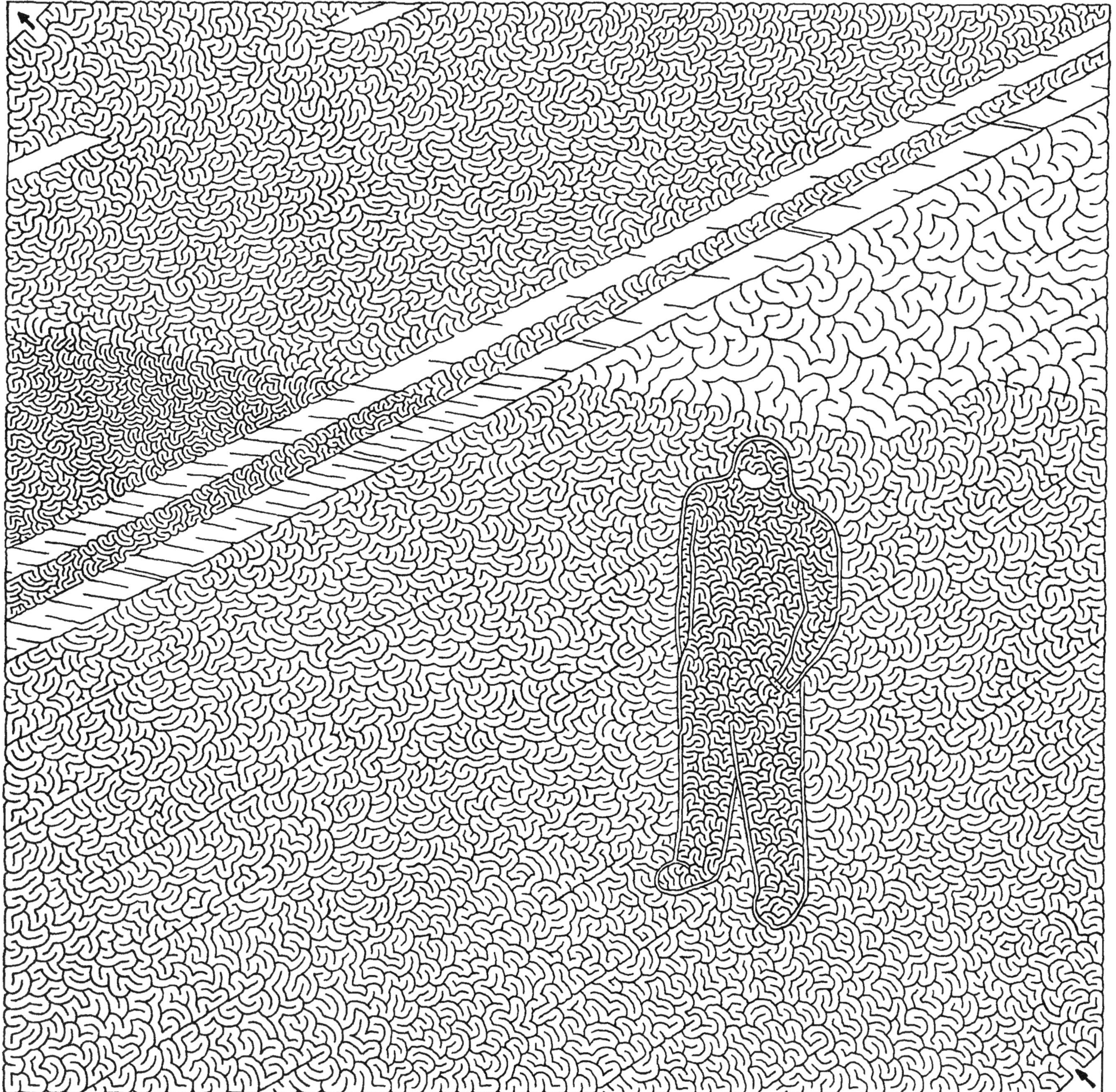

낮은 구름의 이동

바닷가에선 높아 보이던 구름이
높은 산에 올라 보니
손에 잡힐 듯 가깝다.

이 구름은 높이 있을까,
아님 낮게 깔려 있는 것일까.
구름의 이동이 그 그늘로 느껴진다.

여름에 맞선 적극적인 우리의 자세

‘피할 수 없으면 즐겨라!’
사뭇 멋지게 들리지만,
즐길 수 없기 때문에
피하고 싶은 것이다.

나는 너무나 적극적인 사람이라
전봇대 그늘에 공격적으로 숨는다.

이렇게 고마운 전봇대가
예전에 비해 많이 사라졌다.

독서 또는 폰질

가을…….

당신이 독서를 하든,
폰질을 하든,
온도에 방해받지 않고
손에 든 물건에 열중할 수 있는

그 계절이 왔다.

나이는 나만 먹었네

어릴 적 TV를 통해 이 녀석을 봤을 땐,
정확한 나이는 몰라도
비슷한 또래라고 생각했다.

세월이 한참 지난 지금…….
나는 많이, 아주 많이 달라졌는데,
이 녀석은 지금도
'우주소년'으로 활동 중이다.

모자이크 패턴 퍼즐 패턴 메이즈

모자이크 패턴 퍼즐 패턴 메이즈!!!

비키니가 없다

그는 덥고 지쳐 있다.
그럼에도 그의 머릿속엔
기대감이 가득하다.

지친 몸을 이끌고 찾아온
그 바닷가에 비키니가 없다.

그는 좌절했고, 화가 난다.
하지만 그 어디에도
하소연할 수가 없다.

오늘따라 집이 멀게 느껴진다.

예쁜 여자가 지나갔다

언제부턴가 예쁜 여자가 지나가면,
주변의 남자들을 관찰하게 된다.
예쁜 여자가 지나가며 벌어지는
이 현상은 세대를 초월하고,
시대를 초월한다.
아마 국경도 초월할 것이다.

하던 생각이 멈춰지고,
나누던 대화도 중단된다.

그렇다…….
나도 위에서 언급한 '언제부터'
그 이전엔 그들과
전혀 다르지 않았다.

옆집 새댁의 목욕

야하다.

그림에 야한 장면은 어디에도 없지만,

참

야하다.

어떤 경우엔 글이 시각적인 부분보다
분위기를 지배하기도 하더라.

연봉 협상 하는 날

긴장된다…….
외롭다…….
비가 와서 우산을 썼지만
내게만 내리는 것 같다.

사실 뻔히 나와 있는 고과에
내년 연봉이 얼마가
될지는 어느 정도 안다.

그럼에도 불구하고 행여
부당한 대우를 받을지도 모른다는
걱정과 예상보다 더 받을지도
모른다는
불가능에 가까운 희망까지 뒤섞여
머릿속이 복잡하다.

비행시간 연장을 위한 노력

종이비행기가 조금이라도
오래 나는 모습을 보기 위해
위험과 노고를 감수한다.

하찮은 목적을 위해
필요 이상의 노력을 기울이는
사람이 있다.
그는 어리석은 사람일까?

우리 부모님은 날 키우기 위해
많은 노력을 했다.

결과는 썩 좋지 않다.
부모님을 어리석은 사람으로
만든 건…….

바로 나였다.

마음은 이미

아직 피지 못한

꽃봉오리인 지금이지만,

마음만은 이미 활짝 피었다.

마음은 언제나 현재를 앞선다.

그 기분 가늠조차……

재작년 감자를 4등분해서
화분에 심었다.
매일 물을 주고 살펴봤다.

그렇게 며칠이 지나 싹이 났을 때,
난 정말
미쳐 버리는 줄 알았다.

결국 꽃도 피우지 못하고
시들어 버려
마음이 아팠지만,

흙을 뒤져 몇 알의 작은 감자를 캐고,
다시 뭉클해졌다.

내가 만약 농사를 지어
작물 밭 한가운데에
서서 그 녀석들과 함께한다면

그 기분…….
가늠조차 되지 않는다.

maze in maze

나무만 보니
산이 안 보이고,

산만 보니
산맥을 모르겠다.

하교 - 그 시절 추억의 60%

집과 학교가 꽤 멀었다.
그렇다고 한 시간 이상 걸리는
아니었다.

하루 동안 깨어 있는 시간 중에
하교하는 시간은
5% 내외일 것이다.

그럼에도 그 시절을 떠올리면
하교 시간이 절반 이상이다.

집이 조금 멀었던
내게만 해당되는 경우일까.

당신은 어떤가?

그땐 꿈을 말할 수 있었다

어린 시절 그때의 어른들은
거의 다 직업이 있었다.
실업자라 하면 직장을 옮기기 위한 짧은 공백 정도였다.
그런 사회 분위기 속에
어린 우리도
서로 꿈을 이야기할 수 있었고,
그 꿈을 이루는 것에
별 의심도 없었다.

요즘은
당장 내일, 다음 주, 다음 달을 말할 뿐
10년 뒤를 말하는 사람은 드물다.
새겨듣는 이는 거의 없다.

그땐 이웃이 있었다

어린 시절엔 온 동네가 이웃이었다.
전화를 빨리 설치한 우리 집은
온 동네의 통신시설이었다.
전화 심부름이 너무 싫어
전화를 없애자는 말도 했었다.

지금은 우리 앞집 주인이
몇 번이나 바뀌었는지,
지금 사는 사람이 누구인지도 모른다.

또 달라진 게 있다면,
택배 덕분인지 우리 아파트
경비아저씨들의 면면을
모두 알고 마주칠 때마다
인사를 나눈다는 것

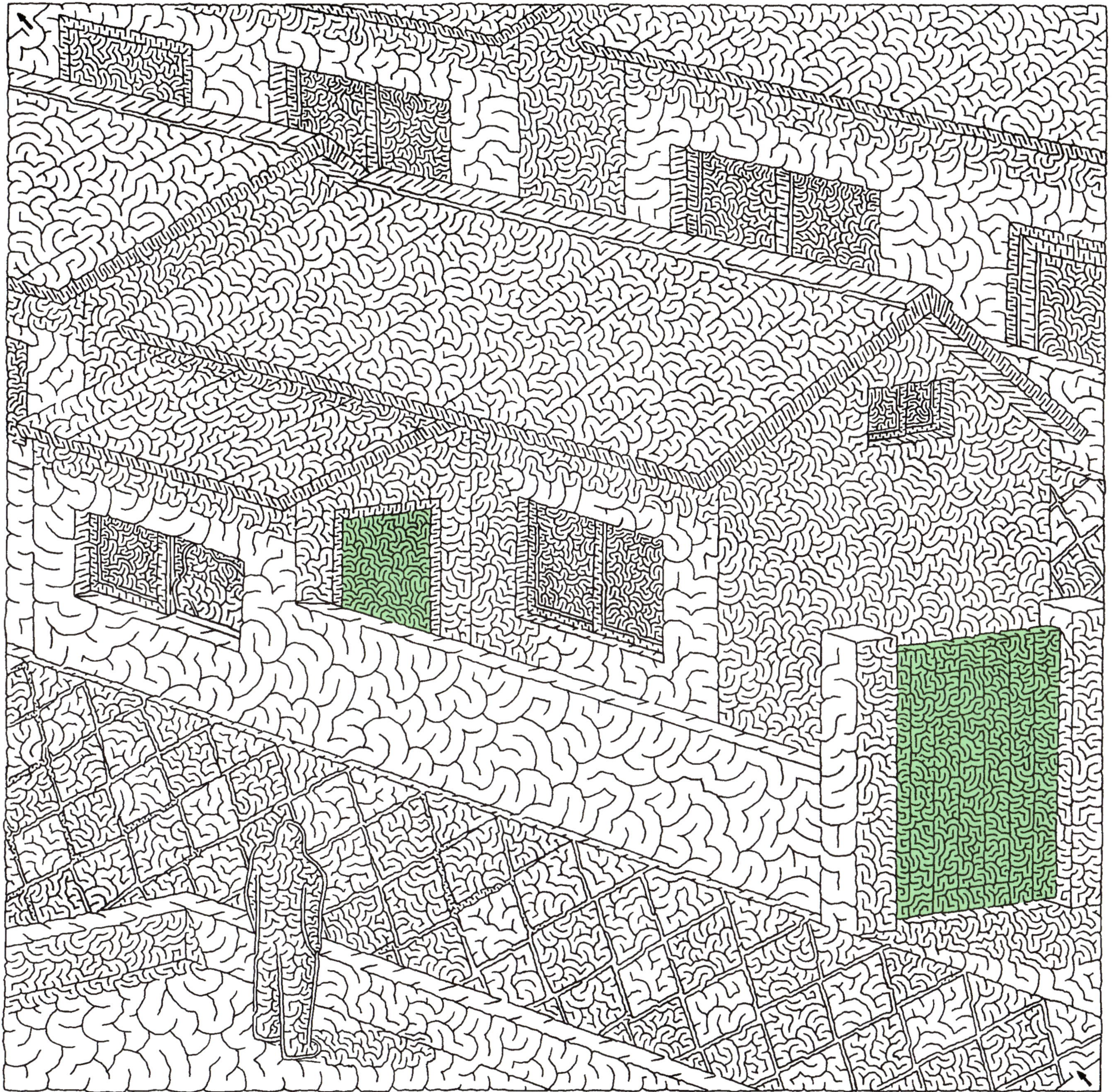

운전면허 시험 본 날

대학에 떨어지면
위로의 말을 듣게 된다.
그런데 운전면허 시험에 떨어지면
누구도 위로하지 않는다.

내겐 학원비가 없었다.
부모님은 응시료를 아까워하고,
친구라는 것들은 만나서
헤어질 때까지 날 조롱한다.

필기시험은 떨어진 적도 없는데
기간을 넘겨 두 번을 봐야 했고,
주행시험은 엉뚱한 길로 들어가
두 번을 봤다.

그리고…….
장내 기능 시험은 무려 스무 번 만에
합격했다.
그동안 머저리 취급을 받았지만,
그날 나는 분명히
세상에서 제일 행복했다.

친구 사이

이 녀석이
많은 사람들 속에 섞여 있어도,
난 이 녀석을 아주 쉽게 찾을 수 있다.

우정의 힘!
아…… 이 얼마나 멋진 말인가!

그러나 내가 이 녀석을
쉽게 찾을 수 있는 건,

나는 이 녀석이
아주 특이하게 생겼다고
생각하기 때문이다.

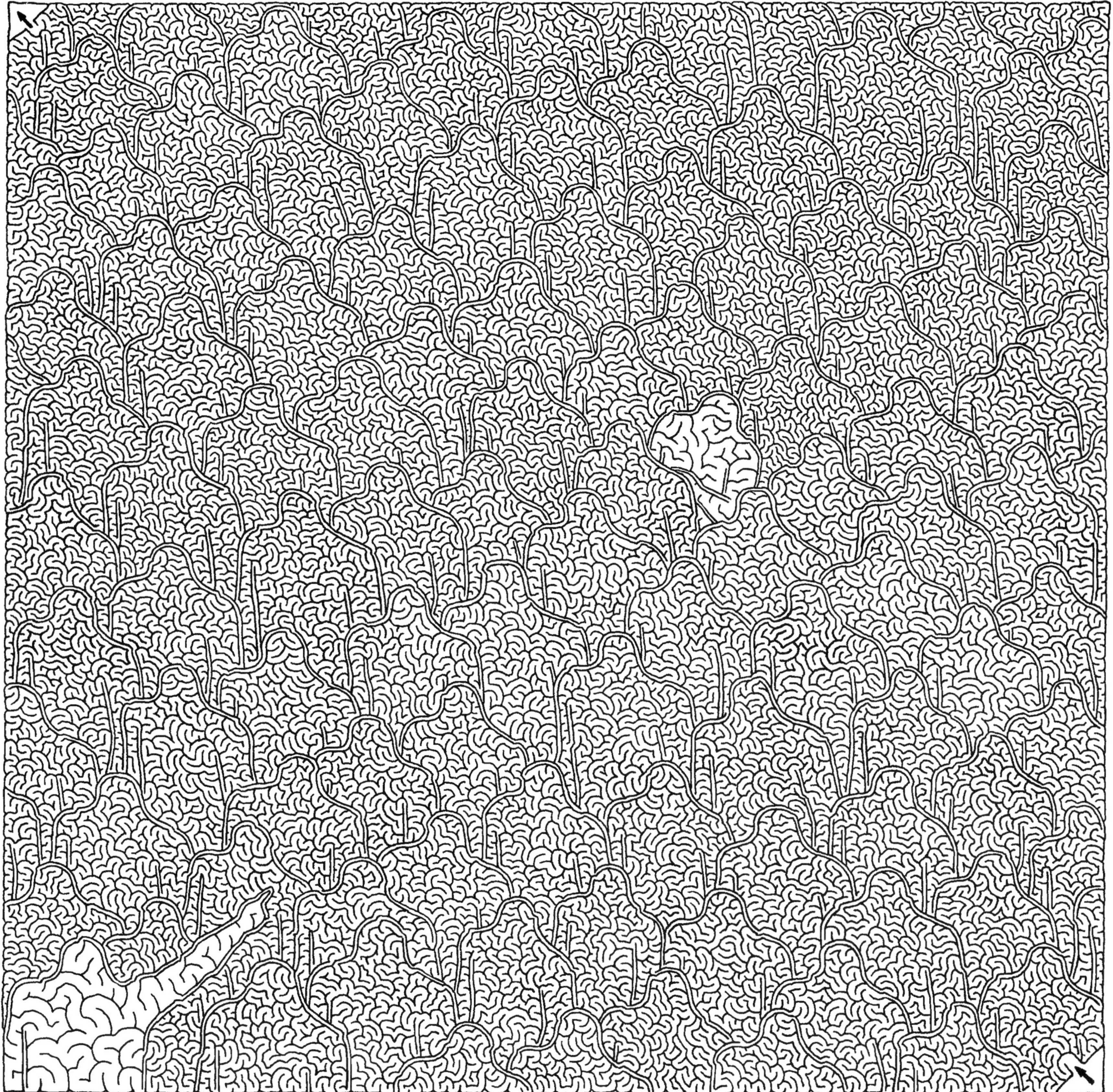

태풍에 맞서는 방법

태풍의 비바람이 몰아치는 날,
그 사내는
바람의 저항을 줄이기 위해
우산으로 바람을 막지 않았고,
우산이 뒤집어지지 않게
우산 천을 떼어 냈다.

그렇게 그 사내는
비바람을 온몸으로 지냈다.

똑똑한 바보는
주변에 일정 비율로 산재한다.

미로 작업을 하다 보니 너무 쉬운 미로엔 흥미를 못 느끼거나, 너무 복잡한 미로엔 포기를 하는 사람들을 접하게 됩니다. 이 작업을 손으로만 하려니 생각 이상으로 많은 시간이 필요했습니다. 그래서 괜히 심술이 나서 미로를 만만찮게 설계하기도 했습니다.

이 책의 왼쪽 페이지를 모두 읽었다고 해도 채 한 시간이 걸리지 않았을 테죠. 그리고 오른쪽 페이지는 더 빨리 볼 수 있었을 겁니다. 하지만 모든 오른쪽 페이지를 마스터하는 데는 상당한 시간이 필요했을 겁니다.

지금 이 글을 오른쪽 페이지를 모두 마스터한 후에 읽고 계신 거라면, 작가 본인의 심술이 독자의 인내와 끈기에 '완패'했음을 인정합니다. 그리고 고맙습니다.

박민효

부산대학교 미술학과 졸업

개인전

2015 에이원 갤러리 - 서울
2016 브라운핸즈백제 - 부산
2016 청림갤러리 - 광명
2017 갤러리C - 대전

단체전

2014 평화화랑 청년작가전 - 서울
2014 희수갤러리 신진작가공모 3인전 - 서울
2015 일호갤러리 작가공모 '꿈과 마주치다' - 서울
2015 아트 캔버스 프로젝트 쿤스트 디렉트 갤러리 - 독일, 갤러리41 - 서울
2016 아시아프 히든아티스트 - 서울
2012 ~ 2017 지용제 - 옥천
2012 ~ 2016 군집개인전 - 옥천

공모전

2014 제 35회 근로자 문화예술제 - 대통령상
2015 제 3회 bnk금융그룹 청년작가 평면미술전 - 동상
2015 제 13회 겸재진경미술대전 - 특선
2015 제 41회 부산미술대전 - 특선
2015 제 34회 대한민국 미술대전 - 입선

생각의 공간 _ p7

생각하기 좋은 조건들 _ p9

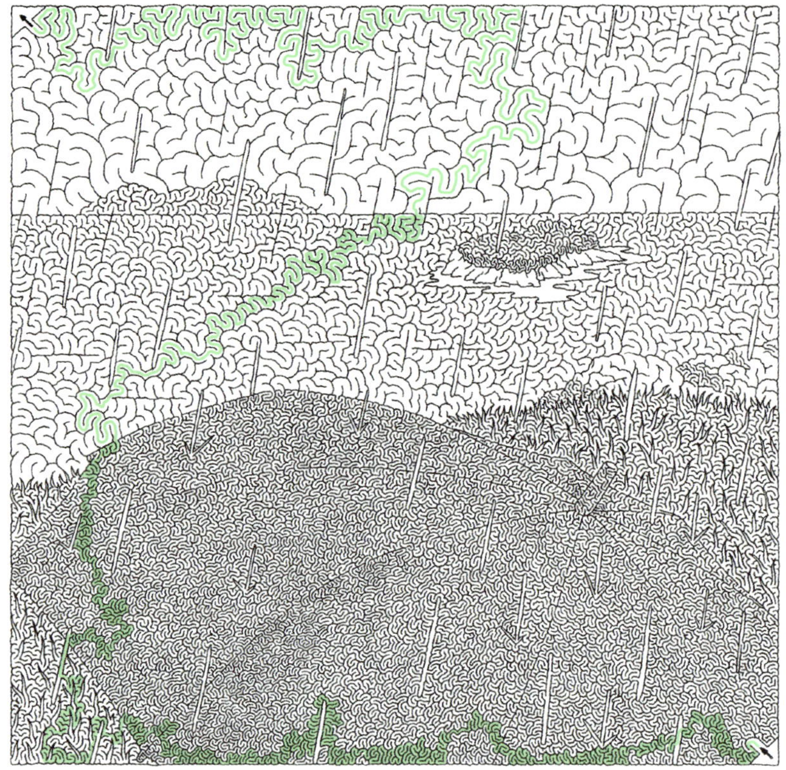

내 마음의 연못 _ p11

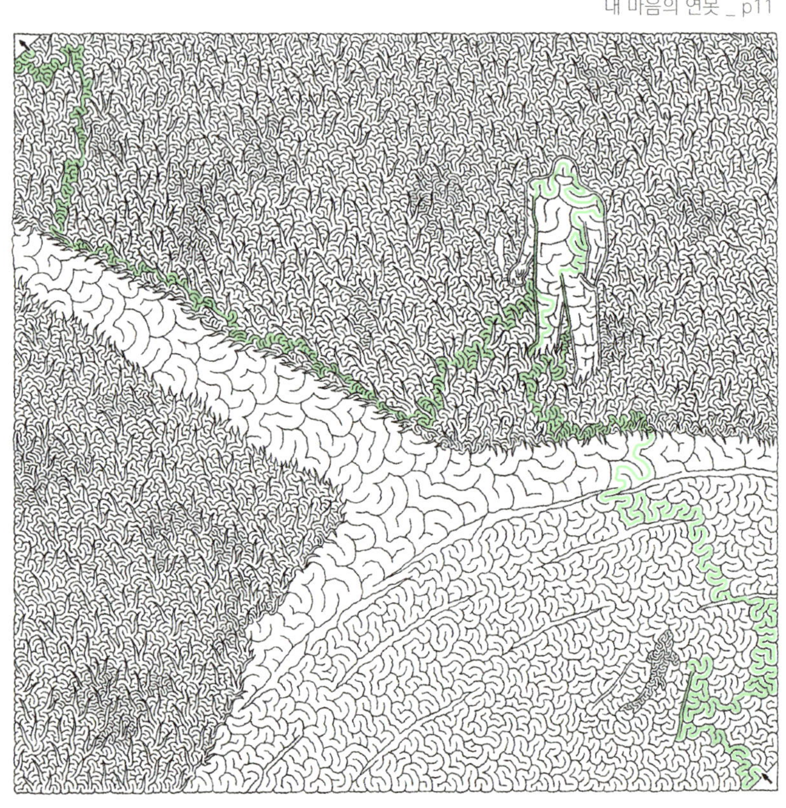

잘생긴 개 _ p13

잘생긴 소 _ p15

바라는 꿈 _ p17

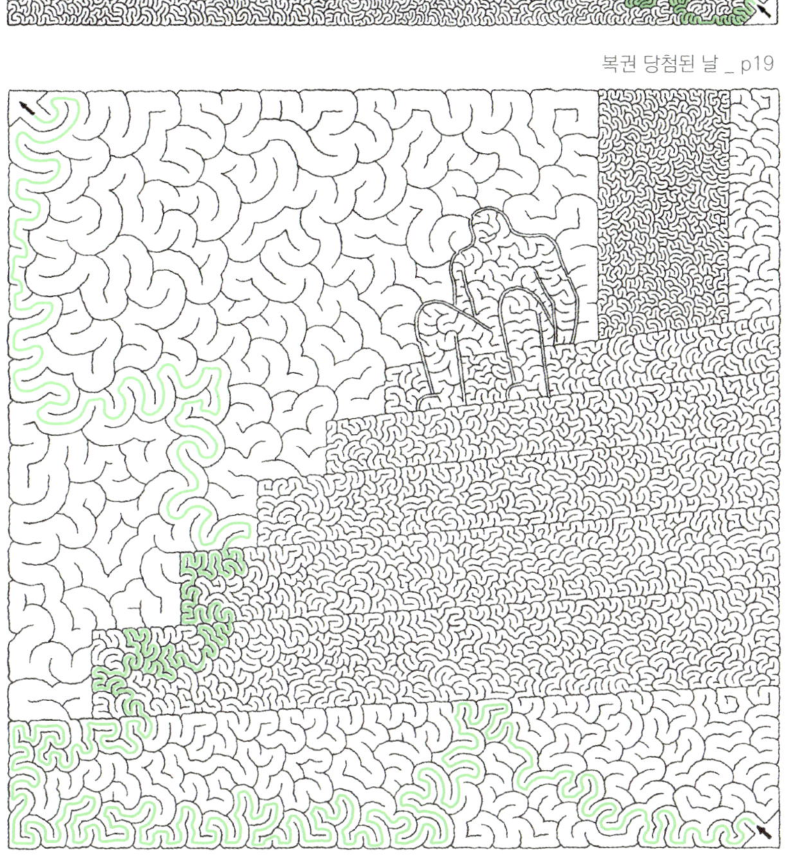

복권 당첨된 날 _ p19

아름다운 해질녘 _ p21

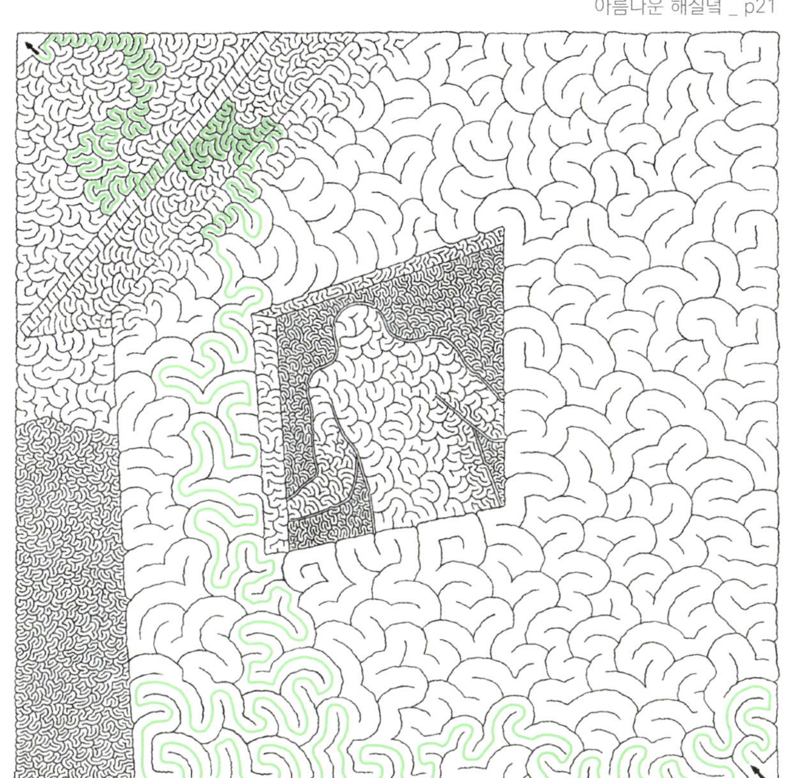

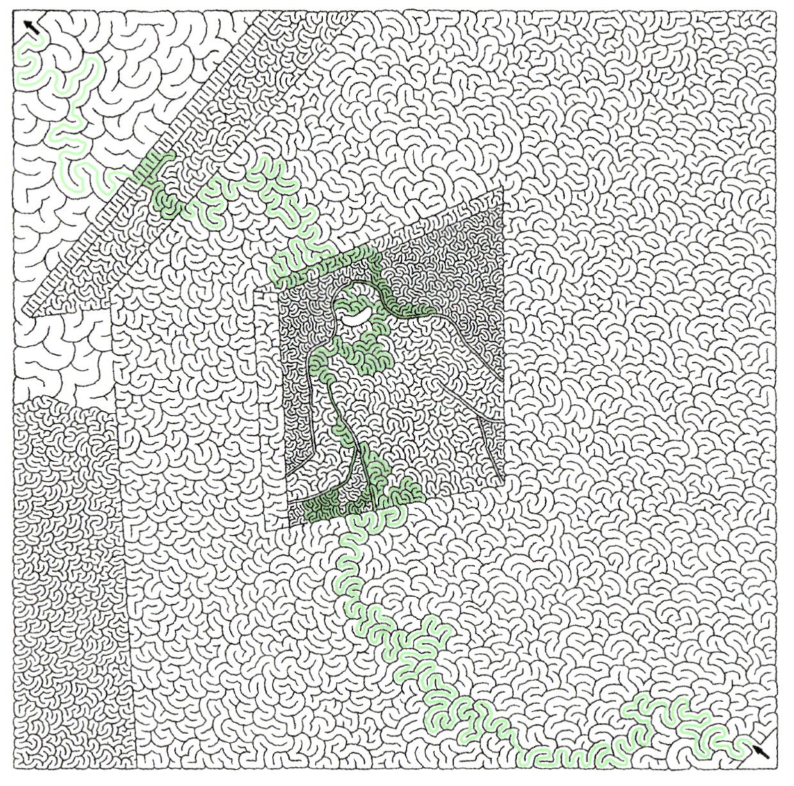

마침내 시원해진 여름바다 _ p27

두꺼운 그늘의 이동 _ p29

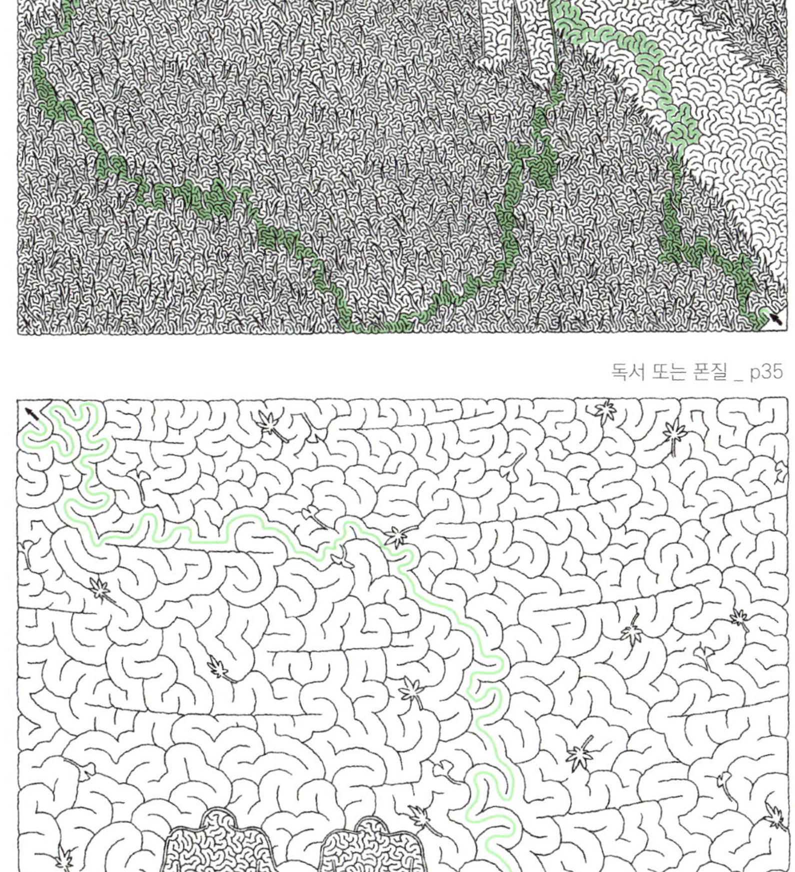

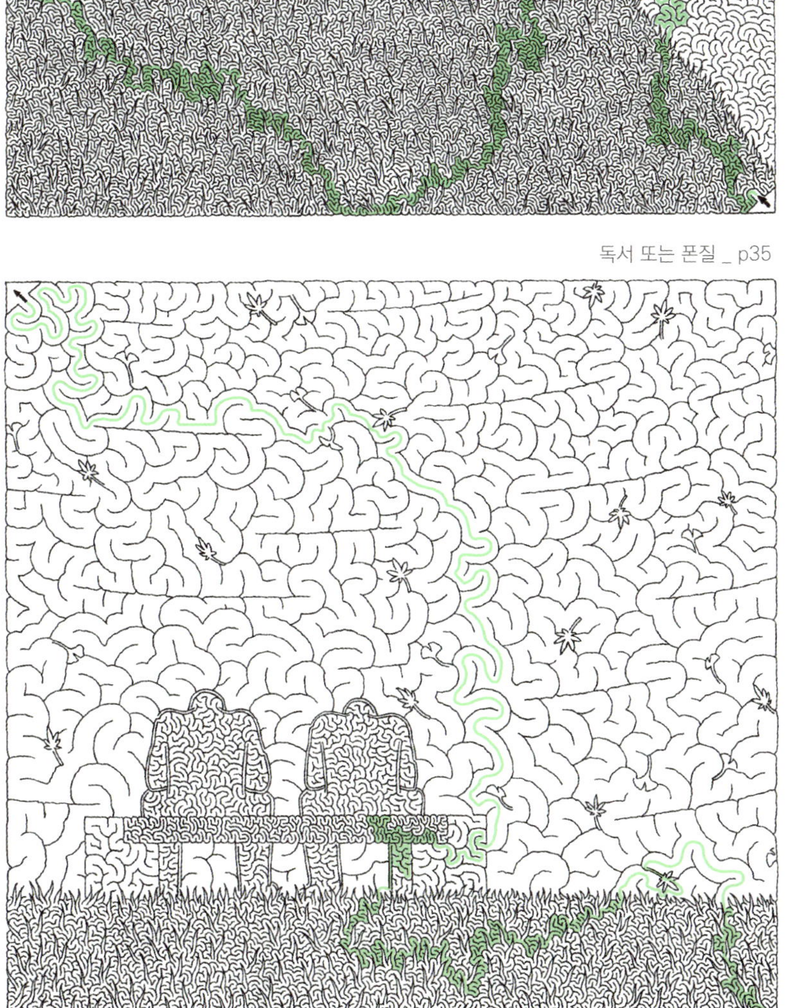

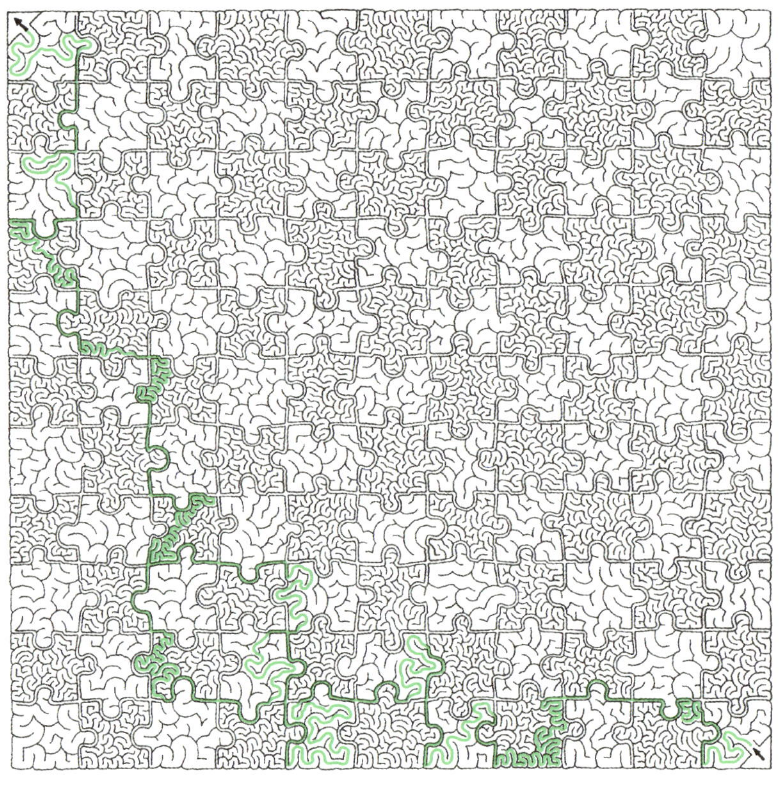

모자이크 패턴 퍼즐 패턴 메이즈 _ p39

비키니가 없다 _ p41

예쁜 여자가 지나갔다 _ p43

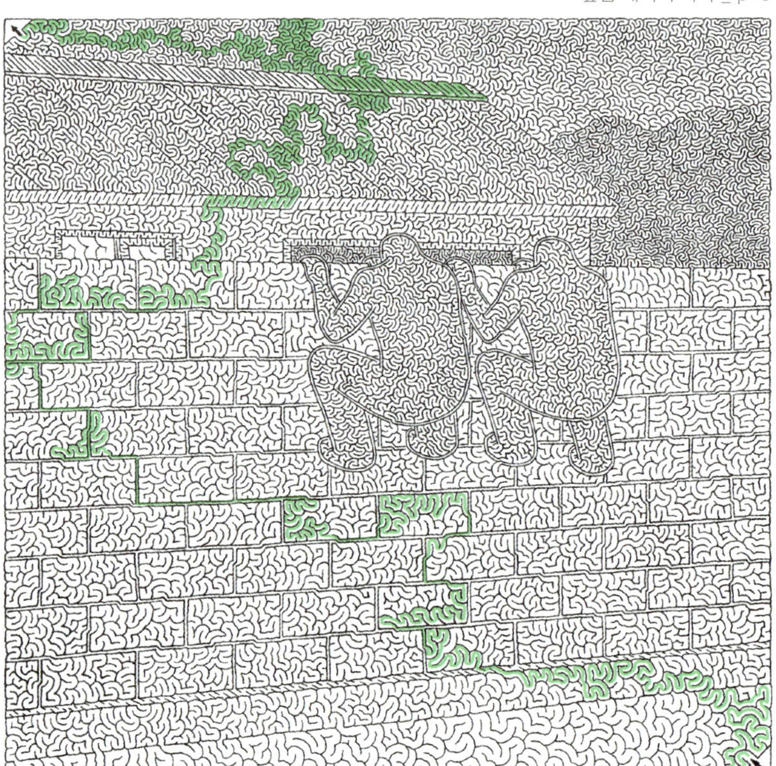

옆집 새댁의 목욕 _ p45

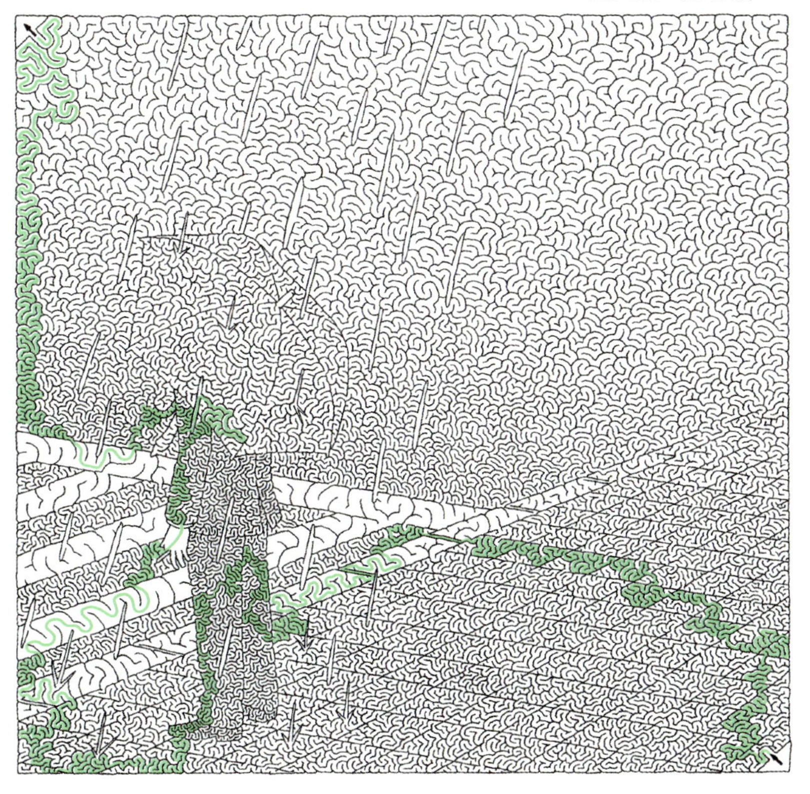

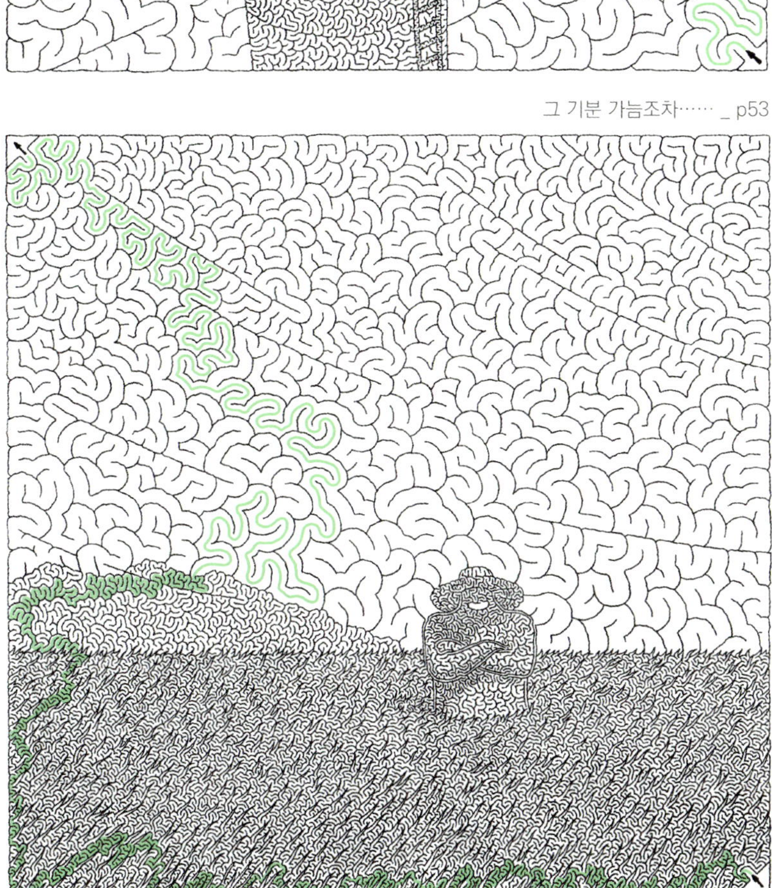

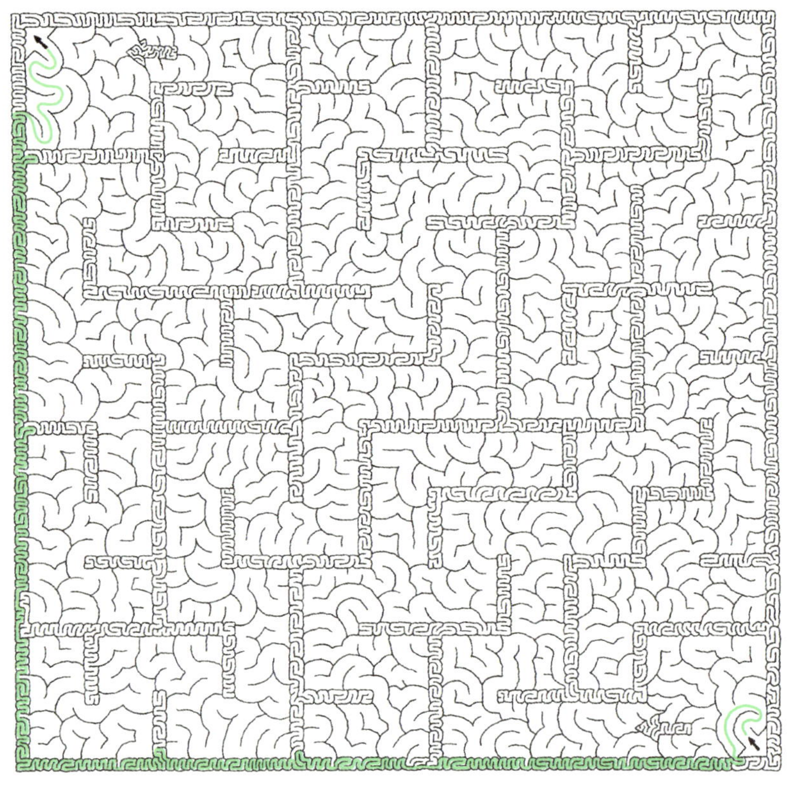

maze in maze _ p55

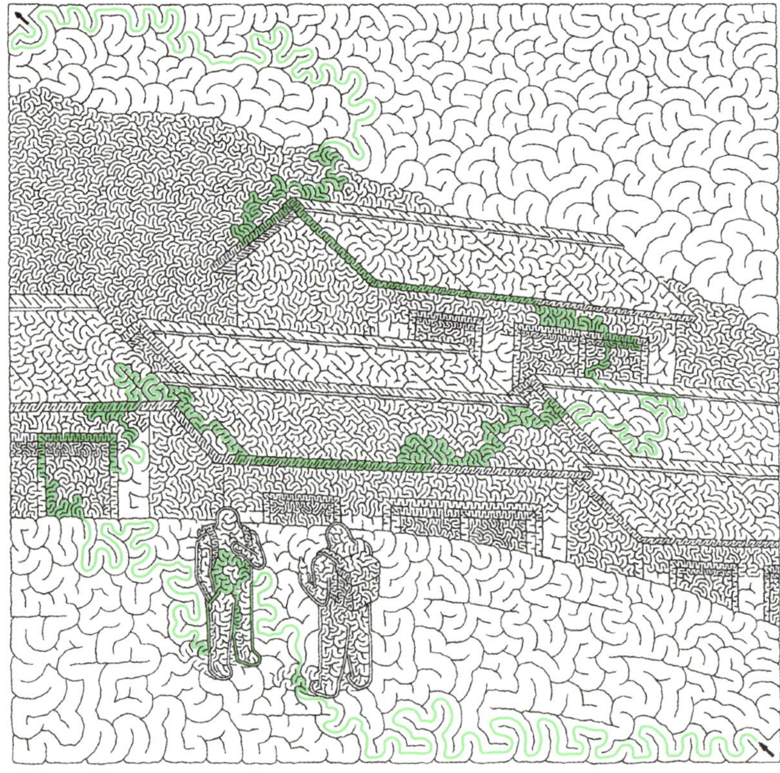

하교-그 시절 추억의 60% _ p57

그땐 꿈을 말할 수 있었다 _ p59

그땐 꿈을 말할 수 있었다 _ p59

그땐 이웃이 있었다 _ p61

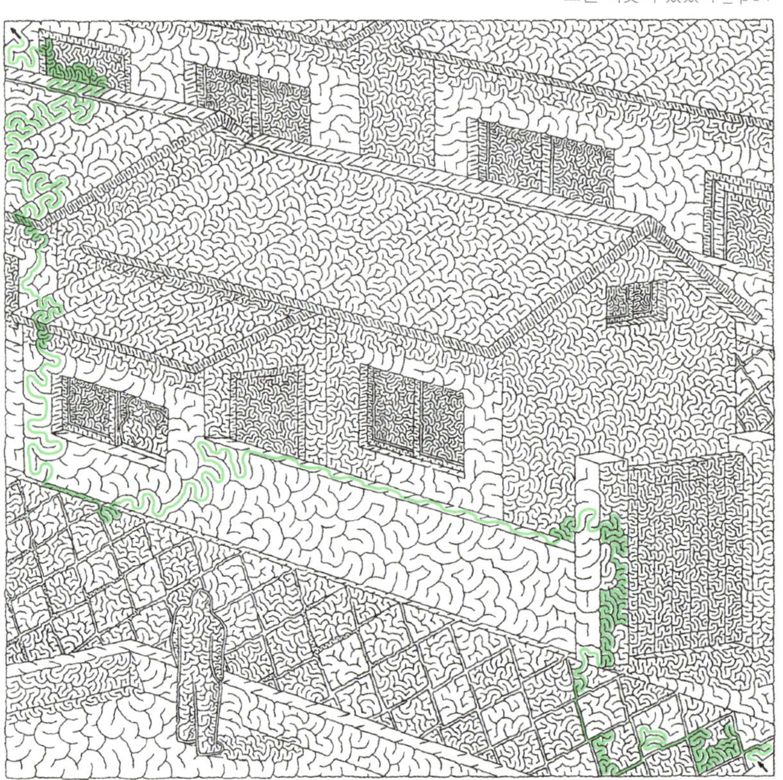

그땐 이웃이 있었다 _ p61

운전면허 시험 본 날 _ p63

친구 사이 _ p65

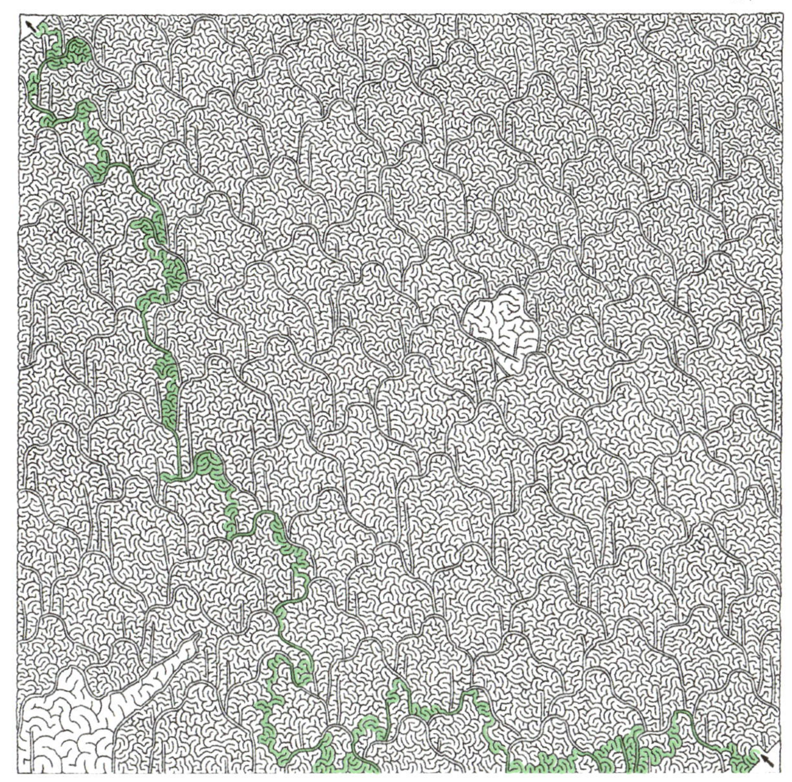

태풍에 맞서는 방법 _ p67

표지

아포리즘과 그림이 함께하는

아트 미로 찾기

초판 1쇄 인쇄   2018년 1월 5일
초판 1쇄 발행   2018년 1월 10일

지은이   박민효

펴낸이   김연홍
펴낸곳   아라크네

출판등록   1999년 10월 12일 제2-2945호
주소   서울시 마포구 성미산로 187 아라크네빌딩 5층(연남동)
전화   02-334-3887   팩스   02-334-2068

ISBN   979-11-5774-585-2 13690

※ 잘못된 책은 바꾸어 드립니다.
※ 값은 뒤표지에 있습니다.